# Die Phantasie in der Malerei

Max Liebermann

AF520269

Alpha Editions

This edition published in 2022

ISBN : 9789356709478

Design and Setting By
**Alpha Editions**
www.alphaedis.com
Email - info@alphaedis.com

As per information held with us this book is in Public Domain.
This book is a reproduction of an important historical work. Alpha Editions uses the best technology to reproduce historical work in the same manner it was first published to preserve its original nature. Any marks or number seen are left intentionally to preserve its true form.

# VORWORT ZUR ZWEITEN AUFLAGE

WER, irregeführt durch den anspruchsvollen Titel meines Büchelchens, eine wissenschaftliche Abhandlung über die Phantasie zu finden hofft, wird arg enttäuscht werden. Ich habe die Erfahrungen und Beobachtungen, die ich in einer ach! fast fünfzigjährigen Beschäftigung mit der Malerei gesammelt habe, aufgezeichnet.

Daß ich als Maler subjektiv über Malerei urteile, ist selbstverständlich. Aber ich habe nicht beabsichtigt, etwa für die naturalistische Malerei Propaganda zu machen – denn deren hat sie nicht nötig –, sondern ich schrieb die folgenden Seiten, um zu zeigen, daß jede Malerei naturalistisch sein müsse, wenn sie gut ist.

Es gibt keine blödsinnigere Behauptung, als die, welche man – wahrscheinlich gerade deswegen weil sie so blödsinnig ist – täglich liest und hört: der Naturalismus ist tot. Denn alle Kunst beruht auf der Natur und alles Bleibende in ihr ist Natur. Nicht die den Künstler umgebende nur, sondern vor allem seine eigene Natur. Wie er, der Künstler, die Welt anschaut, mit seinen inneren und äußeren Sinnen – das nenne ich seine Phantasie – die Gestaltung dieser seiner Phantasie ist seine Kunst. Als Maler gehe ich von der Anschauung aus, daher interessiert mich ausschließlich die gestaltende Phantasie, während mir die schöpferische Phantasie im Kunstwerke Axiom ist. Sie ist göttliche Eingebung, der nur auf dem Wege reinen Denkens beizukommen ist (wenn ihr überhaupt beizukommen ist). Der gestaltenden Phantasie aber dürfen wir hoffen, auf psychologisch-empirischem Wege nachspüren zu können. Oder mit anderen Worten: wir dürfen versuchen wollen, aus der Technik den Geist, der das Werk gezeugt hat, zu erklären.

Daß wenige Wochen nach Erscheinen der ersten Auflage eine zweite nötig geworden, ist ein erfreulicher Beweis, daß der Krieg wie andere Vorurteile auch das Diktum Inter arma silent Musae hinweggefegt hat.

Berlin, April 1916.

MAX LIEBERMANN

# EINLEITUNG

»... daß das Studium der Natur und die Erfindung der Phantasie im Nachahmen das Bleibende in allem sei ...«

(Goethes Gespräch.)

IN seinem Tagebuch stellt Delacroix die Behauptung auf, daß jede Ästhetik mit einer Terminologie der Kunstausdrücke zu beginnen habe, da Jeder darunter etwas anderes verstehe. Er unternimmt auch die Erklärung einiger termini, aber er hört alsbald wieder damit auf, wahrscheinlich weil er die Unmöglichkeit seines Unternehmens einsieht.

Ich bin mir wohl bewußt, das Wort »Phantasie«, von dem die folgenden Seiten handeln, in einem dem landläufigen abweichenden Sinne gebraucht zu haben und ich hätte es gern mit einem passenderen Worte vertauscht, wenn ich eins gefunden hätte. Im allgemeinen bezeichnet man mit Phantasie die Einbildungen unsres Gehirns, das Imaginäre, das ein nicht Existierendes vorzaubert. In dieser Bedeutung kann man Phantasie überhaupt nicht anwenden auf die Malerei, die nichts erfinden kann oder soll, was nicht in der Natur existiert oder wenigstens existieren könnte. Ich möchte der Phantasie mehr die Bedeutung, die das Wort im Griechischen hatte, beilegen: φαινομενον, Erscheinung. Der Maler will das ihm vorschwebende Bild zur Erscheinung bringen, er will die Erscheinung auf die Leinwand projizieren, wobei es ganz gleichgültig ist, ob ihm das Bild vor seinem geistigen oder leiblichen Auge schwebt. Denn beides ist im Grunde dasselbe: der Maler kann nur malen, was er zu sehen glaubt, ob er sein Bild im Geiste oder in der Natur sieht.

Aus der Phantasie malen steht also in keinem Gegensatze zum Nach-der-Natur-malen, denn es sind nur zwei verschiedene Wege, die nach demselben Ziele führen sollen. Noch falscher aber wäre die Annahme, die nicht nur im Publikum, sondern leider auch in der Ästhetik immer noch besteht, als ob der Maler, der *aus* der Phantasie malt, mehr *mit* der Phantasie malt, als der, welcher nach der Natur malt.

Je naturalistischer eine Malerei ist, desto phantasievoller muß sie sein, denn die Phantasie des Malers liegt nicht – wie noch ein Lessing annahm – in der Vorstellung von der Idee, sondern in der Vorstellung von der Wirklichkeit oder wie Goethe es treffend ausdrückt: »Der Geist des Wirklichen ist das wahrhaft Ideelle«. Daher bedeutet idealistische Malerei im Gegensatze zur naturalistischen Malerei nur die verschiedene Auffassung der Natur, aber keinen Qualitätsunterschied: die Qualität beruht einzig und allein in der größeren oder geringeren Kraft der Phantasie des Malers, mag er nun wie Raffael eine Madonna oder wie Rembrandt einen geschlachteten Ochsen malen. Natürlich kann ich nicht mit mathematischer Genauigkeit beweisen wollen, warum der eine Meister mehr Phantasie hat als der andere. Ich kann nur sagen wollen, warum ich ein Porträt von F. Hals für phantasievoller halte als einen Holbein. Und wenn ich sage, daß ich in Franz Hals den phantasievollsten Maler sehe, der je gelebt hat, so wird vielleicht klarer, was ich unter malerischer Phantasie verstehe: die den malerischen Mitteln am meisten adäquate Auffassung der Natur. Jede Kontur, jeder Pinselstrich ist Ausfluß einer künstlerischen Konvention. Je suggestiver die Konvention wird, je ausdrucksvoller durch die Form oder die Farbe oder durch beides zusammen der Maler sein inneres Gesicht auf die Leinwand zu bringen imstande war, desto größere, stärkere Phantasietätigkeit war zur Erzeugung seines Werkes nötig. Ebensowenig wie man den physischen Zeugungsprozeß je ergründen wird, ebensowenig wird der Schleier von dem künstlerischen Zeugungsprozeß je fallen. Wie es Axiomata gibt, die nicht in Frage gestellt werden dürfen, wenn man mathematische Fragen erörtern will, so gibt es in der Ästhetik gewisse notwendige Voraussetzungen, über die nicht zu diskutieren ist. Das Genie ist selbstverständliche Voraussetzung und die Ästhetik kann sich nur damit beschäftigen wollen, wie und auf welche Weise es sich äußert. Der heilige Augustinus definiert die Kunst als das, was die großen Künstler hervorgebracht haben. Fragt sich nur, welche Künstler man als die großen bezeichnet. Und diese Frage wird nie endgültig gelöst werden, denn letzten Endes entscheidet in ästheticis der Geschmack und nirgends gilt das post hoc ergo propter hoc mehr als in der Ästhetik.

Je mehr wir also in der Ästhetik beweisen wollen, desto mehr wird unsre Untersuchung darauf hinauslaufen, unsren Geschmack als den richtigen dem Leser hinzustellen. Wir beweisen unsren Geschmack mit unsrem Geschmack, wir machen ihn also in derselben Sache zum Richter und zum Zeugen. Alljährlich werden wir mit einer Unzahl jener kunsthistorischen Romane beschenkt, die irgendeinen berühmten Maler oder Bildhauer zum Helden haben, und an dem uns der Autor seine Ansichten über Kunst exemplifiziert. Sie sind zwar ein erfreulicher Beweis für das Interesse des Publikums an bildender Kunst – denn wenn sie nicht gekauft würden, wären sie nicht geschrieben und noch weniger gedruckt – aber für das Verständnis der Kunst sind sie eher schädlich als nützlich; denn sie geben uns nur Meinungen und Empfindungen des Autors wieder, also lauter Urteile, die keinen wissenschaftlichen Wert beanspruchen dürfen, da sie nicht verstandesmäßig begründet werden können.

In der Vorrede zur »Kritik der reinen Vernunft« sagt Kant, daß Kopernikus, »der, nachdem es mit der Erklärung der Himmelsbewegung nicht gut fort wollte, wenn er annahm, das ganze Sternenheer drehe sich um den Zuschauer, versuchte, ob es nicht besser gelingen möchte, wenn er den Zuschauer sich drehn und dagegen die Sterne in Ruhe ließ.« Lassen wir das

Übersinnliche in der Kunst in Ruhe und stellen wir uns Kunst – nach der Etymologie des Wortes – als Können vor. Vielleicht daß wir vom Sinnlichen, das heißt der Technik, leichter in den Geist der Kunst einzudringen vermögen.

Nicht etwa, als ob ich, wie den Menschen in Körper und Seele, so die Kunst in Geist und Technik zerlegen wollte: die Technik ist der Ausdruck des Geistes. Niemand kann sagen, wo das Handwerk aufhört und das Kunstwerk beginnt, denn beides ist in- und miteinander unlöslich verwachsen. Ein Bild in Geist und Technik zerlegen wollen hieße ein lyrisches Gedicht in Prosa auflösen oder nach A. v. Bergers witzigem Worte: eine Statue sezieren wollen.

Die Kunst ist des Künstlers Handwerk, das auszubilden die Aufgabe seines Lebens ausmacht. Sie ausbilden heißt: seine Natur so restlos und überzeugend als möglich durch die Mittel seiner Kunst zum Ausdruck zu bringen.

Der Inhalt der Kunst ist also die Persönlichkeit des Künstlers, das sogenannte Genie. Dieses ist ein Geschenk der Götter, welches sie ihm in die Wiege gelegt haben und für dessen Dasein wir ebensowenig einen ontologischen Beweis führen können wie für das Dasein Gottes. Nur die Vorstellung, die das Werk des Genies in uns auslöst, läßt uns mit Notwendigkeit auf die Existenz des Genies schließen.

Die Kunst dagegen ist das eigne Werk des Künstlers und da das Genie unbewußt ihm innewohnt, ist es nur logisch, daß der Künstler nur an seine Kunst, das heißt an die Technik denkt. Für ihn ist Kunst und Handwerk identisch. Nicht in der Idee, sondern in der Ausführung der Idee liegt die Kunst. Rembrandt antwortete seinen Schülern auf die Frage, wie sie malen sollten: nehmt den Pinsel in die Hand und fanget an.

Zwischen der Abfassung der folgenden Aufsätze liegt ein Zeitraum von mehr als zehn Jahren. Wenn ich sie jetzt ohne Änderungen, wie sie erschienen sind, gesammelt herausgebe, so geschieht es in der Hoffnung, daß sie auch heute noch aktuell und zur Klärung der Ansichten über Kunst beizutragen imstande sind. Und waren je die ästhetischen Ansichten verwirrter als heut? Wo ein jüngerer Kunstrichter aus den Schützengräben Flanderns heraus schreibt, daß der Krieg nicht nur für die Existenz Deutschlands, sondern über den Sieg des Expressionismus entscheidet.

Je mehr sich die Ästhetik mit den Kunstrichtungen beschäftigt, desto unfähiger erweist sie sich für ihre eigentliche Aufgabe, die Qualität des Kunstwerks zu erforschen. Denn »Richtung« bedeutet nur eine Zeitströmung, die grade Mode ist und von der nächsten Mode zum alten Eisen geworfen wird. Sie ist die Losung, das Feldgeschrei im Kampfe der jüngeren gegen die ältere Generation: Sie ist eine Zeit- aber keine Wertbestimmung. Aber nicht das lautere Feldgeschrei entscheidet – sonst hätten die Expressionisten, Kubisten und Futuristen längst gewonnen – sondern wie im Kriege die stärkeren Bataillone, so entscheiden in der Kunst nicht Richtungen den Sieg, sondern einzig und allein die stärkeren Persönlichkeiten in ihnen.

Ich schreibe als Maler, gleichsam mit dem Pinsel in der Hand und ich suche daher die Wirkungen, die das Kunstwerk auf mich ausübt, so viel als möglich aus den Mitteln, deren sich der Künstler bedient hat, zu erklären. Natürlich bin ich einseitig und der Vorwurf, ich schriebe pro domo, würde mich wenig rühren, weil ich glaube, daß es ein objektives richtiges Kunsturteil überhaupt nicht geben kann. Aber auch die Gerechtigkeit im Urteil über Kunst macht nur die Überzeugung: je stärker und unverfälschter ich sie ausdrücke, desto gerechter bin ich. Auch überlasse ich das Urteilen so viel als möglich dem Leser und dem – Berufskritiker; ich möchte klar machen, warum ich diese Malerei für gut und jene für schlecht halte. Witzige mögen »die Kunst in 40 Minuten ein Kunstkenner zu werden« schreiben. Der Künstler schreibt über seine Kunst Bekenntnisse.

Goethe sagt mal: »Poesie ist keine Kunst, weil alles auf dem Naturell beruht.« Ebenso ist Malerei keine Kunst, alles hängt von der Persönlichkeit des Künstlers ab. Der Inhalt der Kunst ist die Persönlichkeit des Künstlers.

Kunst kommt von Können, welches das Wollen als einen dem Künstler innewohnenden Trieb einschließt (weshalb ich auch nicht an die faulen oder verbummelten Genies glaube). Der Künstler *muß* schaffen: die Kunst ist sein Handwerk.

Natura sive deus! Gott schuf den Menschen nach seinem Ebenbilde: der Künstler schafft nach seinem Ebenbilde die Welt! was Goethe in die schönen Worte kleidet: »Wie köstlich ists, wenn ein herrlicher Menschengeist ausdrücken kann, was sich in ihm bespiegelt.«

# DIE PHANTASIE IN DER MALEREI

VON der Malerei als Ding an sich will ich reden, nicht von der Musik oder der Poesie in der Malerei; denn was nicht deines Amtes ist, davon laß deinen Fürwitz.

Ich will von der Malerei sprechen, die »von jedem Zweck genesen«, die nichts sein will als – Malerei: Von ihrem Geist, nicht von der Überwindung ihrer technischen Schwierigkeiten, in der das Publikum freilich und, wie ich fürchte, manche Maler immer noch ihren Wert erblicken.

Allerdings kommt Kunst von können, und daß das Können in keiner Kunst mehr ausmacht als grade in der Malerei, soll keineswegs geleugnet werden.

Aber so hoch auch die Malerei, die gut gemacht ist, einzuschätzen ist: gute Malerei ist nur die, die gut gedacht ist. Was bedeutet die korrekteste Zeichnung, der virtuoseste Vortrag, die blendendste Farbe, wenn all diesen äußerlichen Vorzügen das Innerliche, die Empfindung, fehlt! Das Bild bleibt doch – gemalte Leinwand. Erst die Phantasie kann die Leinwand beleben, sie muß dem Maler die Hand führen, sie muß ihm im wahren Sinne des Worts bis in die Fingerspitzen rollen. Obgleich unsichtbar, ist sie in jedem Striche sichtbar, freilich nur für den, der Augen hat zu sehen, nur für den, der sie empfindet.

Ich will hier nicht etwa von dem Höllenspuk, der Phantastik reden, sondern ich verstehe unter Phantasie den belebenden Geist des Künstlers, der sich hinter jedem Strich seines Werkes verbirgt. Die Phantasie in der bildenden Kunst geht von rein sinnlichen Voraussetzungen aus. Sie ist die Vorstellung der ideellen Form für die reelle Erscheinung. Sie ist das notwendige Kriterium für jedes Werk der bildenden Kunst, für das idealistischste wie für das naturalistischste. Sie allein kann uns überzeugen von der Wahrheit der Böcklinschen Fabelwesen wie des Manetschen Spargelbundes.

Wenn der kleine Moritz einen Kreis malt, dahinein zwei Punkte, zwischen die einen senkrechten und darunter einen wagerechten Strich macht, so ist das der bildliche Ausdruck seiner Phantasie für einen Kopf. Hat der kleine Moritz Talent zum Zeichnen, so wird er die individuellen Eigentümlichkeiten z. B. die große Nase seines Vaters oder den großen Mund seiner Mutter beim Nachzeichnen gewaltig übertreiben. Aber hinter dieser Karikatur steckt vielleicht mehr Phantasie als in dem lebensgroßen Porträt in Öl des berühmten Professors so und so, der vor lauter Bäumen den Wald nicht mehr sieht und dessen Phantasie durch alles, was er gelernt hat, ertötet ist. Jedem meiner Kollegen wird unzählige Male dasselbe passiert sein: der junge Mann – noch häufiger die junge Dame – so bald sie sich ernstlich dem Studium der Malerei widmen, machen es nicht nur nicht besser als früher, sondern im Gegenteil viel schlechter, d. h. die Phantasie, die früher naiv den *Eindruck* der Natur wiederzugeben bestrebt war, wird allmählich von dem Suchen nach Korrektheit verdrängt. Aus der phantasievollen, aber unkorrekten wird die phantasielose aber korrekte Zeichnung. Mit anderen Worten: der Buchstabe tötet den Geist, und nur die Talentvollsten können ungestraft an ihrer Phantasie den akademischen Drill überstehen.

Der alte Schadow pflegte seinen Schülern auf die Frage, wie sie malen sollten, zu antworten: »setzt die richtige Farbe auf den richtigen Fleck«. Schadow, der nicht nur Akademie-Direktor, sondern – was nicht immer zusammentrifft – auch ein Künstler war, wußte, daß nur das Handwerkmäßige der Malerei gelehrt und gelernt werden kann; seine Definition in usum delphini verschweigt wohlweislich, was Malerei zur Kunst macht: die Phantasietätigkeit des Malers, die darin besteht, für das, was er – und zwar nur er – in der Natur oder im Geiste sieht, den adäquaten Ausdruck zu finden. Natürlich vollzieht sich diese Phantasietätigkeit völlig unbewußt im Künstler, denn Kunstwerke *entstehen*: sie werden nicht gemacht, und das sicherste Mittel kein Kunstwerk hervorzubringen, ist die Absicht, eins zu machen. Wie Saul ausging, die Eselinnen seines Vaters zu suchen und ein Königreich fand, so muß der Maler einzig und allein bestrebt sein, die richtige Farbe auf den richtigen Fleck zu setzen: ist er ein Künstler, so – findet er ein Königreich.

Ein Bund Spargel, ein Rosenbukett genügt für ein Meisterwerk, ein häßliches oder ein hübsches Mädchen, ein Apoll oder ein mißgestalteter Zwerg: aus allem läßt sich ein Meisterwerk machen, allerdings mit dem nötigen Quantum Phantasie; sie allein macht aus dem Handwerk ein Kunstwerk.

---

Die Phantasie, als das schöpferische Grundprinzip des gesamten geistigen Lebens, ist für alle Künste dieselbe, aber in den verschiedenen Künsten kommt sie auf verschiedene Weise zum Ausdruck. Obgleich nur die bildende Kunst, als einzig räumliche unter den Künsten, imstande ist, die Ausdehnung aus der Wirklichkeit mit zu übernehmen, ist sie doch deshalb nicht materieller als Poesie oder Musik. Allerdings sind die Werke der bildenden Kunst gleichsam faß- und tastbar und – wie Gregor der Große im Kampfe gegen die Bilderstürmer meinte: »Bilder sind die Bücher derer, die nicht lesen können« – daher werden sie für leichter verständlich gehalten. Im Grunde jedoch ist die Kunst an einem Bilde genau ebenso nur dem inneren Auge wahrnehmbar, wie die an einem Musikstücke nur dem inneren Ohr. Denn was anders als die Phantasie des Künstlers unterscheidet ein Werk des

Phidias von einem Abguß über Natur? Daher ist es für den Wert eines Werkes der bildenden Kunst ganz gleichgültig, was es darstellt, nur die Erfindung und die Ausdrucksfähigkeit ihrer Form macht seinen Wert aus.

Der Satz, daß die gutgemalte Rübe besser sei als die schlechtgemalte Madonna, gehört bereits zum eisernen Bestand der modernen Ästhetik. Aber der Satz ist falsch; er müßte lauten: die gutgemalte Rübe ist ebenso gut wie die *gut*gemalte Madonna. Wohlgemerkt als rein malerisches Produkt, denn, zur Beruhigung frommer Gemüter sei's gesagt, es fällt mir beileibe nicht ein, zwei ästhetisch so ungleichwertige Gegenstände miteinander vergleichen zu wollen. Auch weiß ich wohl, daß die Darstellung einer Madonna noch andere als rein malerische Ansprüche an den Künstler stellt, und daß sie als künstlerische Aufgabe schwerer zu bewältigen ist als ein Stilleben. Obgleich in einem Vierzeiler das Genie Goethes ebenso sichtbar ist als im Faust, kann als künstlerische Leistung »Über allen Gipfeln ist Ruh« doch nicht mit dem Faust verglichen werden.

Aber die spezifisch malerische Phantasie des Künstlers kann sich in einem Stilleben gerade deshalb stärker zeigen als in der Darstellung des Menschen, weil das Bund Spargel nur durch die künstlerische Auffassung interessiert, an dem Menschen, am Kopf oder an einem schönen Frauenkörper interessiert uns – namentlich an letzterem – auch noch der dargestellte Gegenstand.

Der spezifisch malerische Gehalt eines Bildes ist um so größer, je geringer das Interesse an seinem Gegenstande selbst ist; je restloser der Inhalt eines Bildes in malerische Form aufgegangen ist, desto größer der Maler.

Also vom rein malerischen Standpunkt aus ist »die Übergabe von Breda« des Velasquez in nichts wertvoller als eins seiner Küchenstilleben: ja sogar könnte ein solches malerisch wertvoller sein, wenn Velasquez die Küchengerätschaften besser gemalt hätte als die Heerführer auf dem großen Historienbild. Worauf es hier allein ankommt, ist klar auszudrücken, daß der Wert der Malerei absolut unabhängig vom Sujet ist, und nur in der Kraft der malerischen Phantasie beruht.

Hieraus folgt, daß gerade die naturalistische Malerei dieser Phantasietätigkeit am meisten bedarf, weil sie nur durch die ihr eigene Kraft wirken will; was freilich einer weit verbreiteten Ansicht im Publikum durchaus widerspricht. Immer noch sehen die Gebildeten in der naturalistischen Malerei nur eine geistlose Abschrift der Natur, etwa eine Kunst, die von der Photographie, wenn sie erst mit der Form auch die Farbe wiederzugeben gelernt hat, überwunden sein wird. Nein! selbst die Konkurrenz der farbigen Photographie fürchten wir nicht: denn selbst die vollendetste mechanische Wiedergabe der Natur kann höchstens zum vollendeten Panoptikum, nie aber zur Kunst führen. Was der Gebildete an der naturalistischen Kunst vermißt, ist die literarische Phantasie, weil er die Malerei statt mit den Augen immer noch mit dem Verstande betrachtet. Immer noch spukt in unseren Köpfen das berühmte Lessingsche Diktum vom Raffael, der, wenn er auch ohne Arme geboren, der größte Maler geworden wäre. Vielleicht der größte Dichter oder der größte Musiker, jedenfalls aber nicht der größte Maler. Denn die Malerei besteht nicht in der Erfindung von Gedanken, sondern in der Erfindung der sichtbaren Form für den Gedanken. Woher käme es sonst, daß unter den Tausenden von Madonnenbildern sich nur wenige Kunstwerke befinden? Oder was interessiert uns am Porträt, das mein Freund Trübner witzig den Parademarsch des Malers genannt hat, anders als die Kunst des Meisters, das, was er sah – und der Akzent liegt auf *er* – in die malerische Form gebracht zu haben. Ich meine natürlich nicht eine bestehende Form, die zur Formel geworden ist, wie z. B. die Raffaelische Form, die zur akademischen verflacht ist, oder das Rembrandtsche clair-obscur, das unter seinen Nachahmern zur hohlen malerischen Phrase geworden ist, sondern ich spreche von der lebendigen Form, die jeder Künstler sich neu schafft. Gerade in der Erschaffung neuer Formen liegt das Kriterium für den schaffenden Künstler, für das Genie. Deshalb ist es ein Unsinn von *einer* Form, von der klassischen Form κατ' ἐξοχὴν zu reden: es gibt soviel klassische Formen als es klassische Künstler gegeben hat und noch geben wird. Mit jedem Künstler vollendet sich die Form; und mit jedem folgenden wird sie neu geboren. Die Erstarrung der Form zum Dogma wäre Erstarrung der Kunst d. h. ihr Tod. Natürlich verstehe ich hier unter Form nicht das Äußerliche an ihr, das Technische, etwa die Handschrift des Künstlers. Ich spreche hier nur von der ideellen Form, die gleichsam unsichtbar ist, die nur der Künstler sieht und zwar jeder ganz verschieden. Wer die Kuh nur durch die Augen von Potter oder Troyon sieht, ist kein schaffender Künstler, höchstens ein reproduzierender; wer an der Kuh nicht neue Reize entdeckt – ich sage das im direkten Widerspruch zu meinem sonst sehr verehrten Freunde Muther –, besitzt jedenfalls das zu einem Kuhmaler nötige Talent nicht.

---

Was jeder Künstler aus der Natur heraussieht, ist das Werk seiner Phantasie. Setze zwanzig Maler vor dasselbe Modell und es werden zwanzig ganz verschiedene Bilder auf der Leinwand entstehen, obgleich alle zwanzig gleichermaßen bestrebt waren, die Natur, die sie vor sich sahen, wiederzugeben. Wie sich im Kopfe des Künstlers die Welt widerspiegelt, gerade das macht seine Künstlerschaft aus.

Raffaels Phantasie war linear, sein Werk vollendet sich in der Linie, seine Bilder sind höchstens geschmackvoll koloriert, die Malerei an seinen Bildern ist Handwerk. Tizians Phantasie dagegen ist durchaus malerisch; er sieht sein Bild als farbige Erscheinung, er komponiert mit der Farbe. Sein berühmtestes

Bild, »die himmlische und die irdische Liebe«, ist sicherlich nur durch den koloristischen Gedanken erzeugt, den nackten Frauenkörper durch Gegenüberstellen der bekleideten Gestalt noch intensiver wirken zu lassen. Ob Tizian etwas anderes hat ausdrücken wollen, weiß ich nicht, und ich glaube, die Kunstgelehrten wissen es auch nicht. Jedenfalls ist der großartig klingende Titel ganz unpassend und wahrscheinlich von einem geschäftskundigen Venezianer erfunden, der seinen Landsmann den Raffaels und Michelangelos gegenüber nicht lumpen lassen wollte: geradeso wie Böcklins Bilder »die Gefilde der Seligen« und »das Spiel der Wellen« von Fritz Gurlitt getauft wurden.

Des Velasquez Phantasie ist räumlich. Er denkt räumlich, und mit viel größerem Rechte als von Degas hätte ich von Velasquez sagen können: er komponiert mit dem Raum. Sein Bild entsteht aus der räumlichen Phantasie. Wie die Figur in dem Raum steht, wie der Kopf, die Hände, die Gewänder als große Lokaltöne im Raum wirken, das macht sein Bild aus.

Wieder anders Rembrandt, dessen Phantasie sich in Licht und Schatten verkörpert. Die Wogen des Lichtes, die seine Bilder durchfluten, ergeben und bestimmen die Komposition. Seine Bilder sind auf den Gang des Lichtes komponiert, er erfindet für den Gang des Lichtes. So z. B. ist das kleine Mädchen mit dem Hahn auf der »Nachtwache« nur als heller Fleck im Bilde verständlich, oder man sehe seine Zeichnungen nach anderen Meistern, wie er z. B. aus dem »Grafen Castiglione« des Raffael durch Andeutung des Lichtes und des Schattens sofort einen echten Rembrandt macht.

Der Maler, dessen Phantasie linear ist, kann nicht Kolorist sein oder umgekehrt. Das eine oder das andere, die Zeichnung oder die Farbe, muß in jedem Werke die Hauptsache bilden, und Raffael und Rembrandt sich in demselben Werke vorzustellen, ist ein Unding. Weil Raffaels Phantasie linear war und nicht etwa, weil er weniger gut als Tizian oder Rembrandt malte, war er ein weniger großer Maler als jene. Auch zeichnete Tizian oder Rembrandt nicht etwa schlechter als Raffael, sondern weil dieser beider Phantasie malerisch war, mußten sie ihre zeichnerischen Qualitäten den malerischen gegenüber unterdrücken. Poesie und Musik sind zeitliche Künste, daher kann sich in einem Gedicht oder in einem Musikstück des Künstlers Phantasie nacheinander in verschiedener Richtung äußern, aber in der bildenden Kunst, als einer räumlichen, muß sie sich nach einer Richtung hin konzentrieren, sonst verlöre das Werk seinen einheitlichen Charakter, d. h. es wäre kein Kunstwerk mehr. Dieser Einheitlichkeit muß der Maler alles opfern: das liebevollst durchgeführte Detail, das technisch gelungenste Stück, die geistreichste Einzelheit. Savoir faire des sacrifices, wie es im Pariser Atelier-Jargon heißt. Das, was dir als Hauptsache erscheint – nicht etwa was die Hauptsache ist – zusammenfassen, und alles, was dir nebensächlich erscheint, unterdrücken. Als jemand den père Corot fragte, wie er's anfinge, nur die großen Massen in der Natur zu sehen, antwortete er: »ganz einfach, um die großen Massen zu sehen, müssen Sie mit den Augen blinzeln, um aber die Details zu sehen, müssen Sie die Augen – schließen«.

Mehr noch als in dem, was er malt, zeigt sich des Künstlers Phantasie in dem, was er nicht malt. Je näher die Hieroglyphe – und alle bildende Kunst ist Hieroglyphe – dem sinnlichen Eindruck der Natur kommt, desto größere Phantasietätigkeit war erforderlich, sie zu erfinden. Der Maler hat nur die Farbenskala von schwarz zu weiß auf der Palette: aus ihr soll er Leben, Licht und Luft auf die Leinwand zaubern, ein paar Striche, ein paar unvermittelt nebeneinandergesetzte Farbenflecke sollen aus der richtigen Entfernung dem Beschauer den Eindruck der Natur suggerieren. Nur die Phantasie des Künstlers kann dieses Wunder bewirken, nicht etwa die Geschicklichkeit des Taschenspielers. Man sehe das Porträt des Papstes Innocenz in Rom: zwei dunkle Flecken, die die Augen bedeuten, mit ein paar Strichen ist die Nase und der Mund hineingezeichnet, und mit den wenigen Strichen und Farben, die wohl, wie die Überlieferung berichtet, in einer Stunde gemacht sein können, steht der ganze Mann vor uns, mit seiner Klugheit, seiner Habsucht und seinen sonstigen verbrecherischen Gelüsten. Die ganze päpstliche Macht erscheint vor uns und der Papst, der ihrer spottet. Und des Velasquez Papstbildnis nicht gesehen zu haben, heißt in Rom gewesen sein und den Papst nicht gesehen haben.

---

Mein alter Lehrer Steffeck hatte ganz recht, wenn er sagte: Was man nicht aus dem Kopf malen kann, kann man überhaupt nicht malen. Wir malen nicht die Natur, wie sie ist, sondern wie sie uns erscheint, d. h. wir malen aus dem Gedächtnis.

Das Modell kann der Maler nicht abmalen, sondern nur benutzen, es kann sein Gedächtnis unterstützen, wie etwa der Souffleur den Schauspieler unterstützt. Aber wehe dem Schauspieler, der sich auf ihn verlassen muß. Dann ist er nicht mehr Herr seiner Rolle, sondern Knecht des – Souffleurs. Ob und inwieweit der Maler nach der Natur arbeitet oder nicht, hängt davon ab, was er erstrebt. Aber Delacroix oder Böcklin, die (wenigstens in ihren Bildern) nie nach der Natur gemalt haben, ebenso wie Manet und Leibl, die jeden Strich nach der Natur malten, haben aus dem Gedächtnis gemalt. Nur prozedierten sie auf verschiedene Weise. Böcklin malte die Rosenhecke oder die Pappel, die er vor Tagen oder Wochen vielleicht so lange studiert hatte, bis sich auch die kleinste Einzelheit seinem Gedächtnis eingeprägt hatte. Leibl, dessen ganze Kunst Pietät vor der Natur war, mußte die fünf oder sechs Bauern, die er in den »Dorfpolitikern« malte, zusammensitzen haben. Aber Böcklin wie Leibl malten aus der Phantasie: nur war die des einen von der des anderen himmelweit verschieden; wessen die grössere, ist hier nicht die Frage. Es genügt festzustellen, daß der Naturalist ebenso wie der Idealist die Natur nur benutzt. Den Künstler macht nicht der Naturalist, der alles nach der Natur malt, aber ebensowenig der Idealist, der nur nicht nach der Natur malt. Nur das, was seine Phantasie aus der Natur heraussieht und darstellt, macht den Künstler, und daher muß seine spezifisch malerische Phantasie um so stärker sein, je näher er dem sinnlichen Eindruck der Natur kommt, d. h. je mehr er im eigentlichen Sinne Maler ist. Seine Phantasie ist viel reicher als die des Zeichners, denn man kann wohl ein großer Zeichner sein, ohne ein großer Maler zu sein, aber nicht umgekehrt.

Delacroix fürchtete noch eine Gotteslästerung auszusprechen, als er Rembrandt dem Raffael gleichzustellen wagte. Heutzutage hat sich das wohl geändert, immerhin wird auch heute noch »der Gebildete«, wenn er sich einigermaßen respektiert, Raffael als den größten Maler, der je gewesen, ansprechen: was wohl daher kommt, daß das Kunsturteil von den Kunstgelehrten gemacht wird, die als Gelehrte mehr mit dem Verstande als mit den Augen urteilen. Die Schönheiten der Form sind mathematisch nachzuweisen, aber die Schönheiten der Farbe kann man nur empfinden. Und man kann ein sehr großer Kunstgelehrter sein, ohne etwas von Kunst zu verstehen.

Die Malerei ist nicht etwa bloß ein Problem der Technik, die gelernt werden kann, sondern eine reine Phantasietätigkeit. Natürlich muß jeder Maler sein Handwerk verstehen, wie jeder Schneider oder Schuster sein Metier ordentlich gelernt haben muß. Aber den Wert eines Bildes nach seiner technischen Vollendung schätzen zu wollen, wäre ebenso töricht, als ein Gedicht nach der Korrektheit der Verse oder der Reinheit der Reime zu beurteilen. Dem lieben Gott sei's gedankt: in der Kunst macht der Rock noch nicht den Mann.

Allerdings hat in den bildenden Künsten das Handwerk eine um so größere Bedeutung, als der bildende Künstler seine Konzeption ganz allein und unmittelbar zum Ausdruck bringt: nur das Werk von des Meisters eigener Hand ist das Meisterwerk.

Den vatikanischen Torso, den »Innocenz« des Velasquez können wir ganz nur im Original genießen: ob wir den »Faust« in einem der Millionen von Drucken oder in Goethes Originalhandschrift lesen, ist für unseren Genuß ganz gleichgültig.

Selbst die vollendetste Lichtdruckreproduktion nach einer Zeichnung oder Radierung Rembrandts, in der jeder Punkt, jeder Strich und jeder Fleck photographisch getreu wiedergegeben ist, bleibt eine tote Kopie; nur die eigenhändige Niederschrift kann uns des Meisters Geist zeigen. Nichts verbirgt sein Werk unseren indiskreten Blicken; wir können dem Meister bei der Arbeit folgen, wir sehen, welche Partien ihm auf den ersten Anhieb gelungen und die Stellen, bei denen er sich gequält, die er abgekratzt und übermalt hat, bis sie ihm endlich genügten.

Doch was wir nicht sehen können, selbst wenn wir Velasquez oder Rembrandt beim Malen über die Schulter zugeschaut hätten, ist die Hauptsache, nämlich ihre Phantasie, die ihnen beim Malen die Hand geführt hat und nur insofern ist die Technik von künstlerischem Werte, als sie die – Handlangerin seines künstlichen Wissens und Wollens ist, d. h. sie muß individuell sein. Sonst hat die Technik höchstens kunstgewerblichen Wert, und von diesem kunstgewerblichen Standpunkt aus können wir sie an einem Bilde ebenso bewundern, wie an einer chinesischen Cloisonné- oder Lackarbeit.

Aber die Rückkehr zur Tradition der altmeisterlichen Technik als Allheilmittel der Kunst zu empfehlen – wie das immer und ewig geschieht – hieße neuen Wein in alte Schläuche füllen.

---

In dem Kunstwerk macht die Technik nicht die Güte aus, man könnte sie höchstens als notwendig bezeichnen; wie der Körper dem Geiste notwendig ist. Und insofern ein schöner Geist in einem schönen Körper dem in einem häßlichen vorzuziehen ist, ist auch das elegant vorgetragene Kunstwerk dem unbeholfen vorgetragenen vorzuziehen. Schreiblehrer beurteilen die Güte der Handschrift nach der Kalligraphie der Buchstaben; wir nennen Bismarcks Handschrift schön, weil sie charakteristisch ist.

Die Technik ist gut, die möglichst prägnant das ausdrückt, was der Meister ausdrücken wollte; sonst ist sie schlecht und wäre sie noch so virtuos.

Überhaupt spricht man viel zu viel von ihr: die Technik muß man gar nicht sehen, ebenso wenig wie man die Toilette an einer schönen Frau sehen darf. Wie sie nur dazu da ist, um die Schönheit der Trägerin in um so helleres Licht zu setzen, darf die Technik nur die Schleppenträgerin der Kunst sein, jeder Künstler soll malen, wie ihm der Schnabel gewachsen ist; was allerdings heutzutage schwer ist, denn, wie Schwind sagt, »bis man weiß, daß man einen Schnabel hat, ist er vom vielen Anstoßen schon ganz verbogen«.

Und nun gar die Forderung zur altmeisterlichen Technik zurückzukehren! Als ob die Technik die Ursache und nicht die Folge einer Kunstanschauung wäre. Ist die Technik eines Van Eyk nicht bedingt durch die Sachlichkeit seiner Naturanschauung? Hätte Franz Hals sich der Technik eines Holbein bedienen können, oder mußte er nicht vielmehr eine mehr andeutende als ausführende Technik erfinden, die seiner geistreichen Auffassung des Momentanen entsprach? Wer die Technik eines Meisters nachahmt, wird ihm höchstens abgucken, wie er sich räuspert und wie er spuckt. Ein mittelmäßiges à la Rembrandt gemaltes Bild ist nicht besser, als ein ebenso mittelmäßiges, das à la Manet gemalt ist.

Überhaupt verbirgt sich hinter dem Verlangen nach altmeisterlicher Kunst ein gut Teil Heuchelei: es entspringt nicht sowohl aus Liebe für die alte, sondern vielmehr aus Haß gegen die moderne Kunst.

Natürlich fällt auch in den bildenden Künsten kein Meister vom Himmel. Eher fällt schon eine Exzellenz vom Himmel, wie Menzel, als man ihm zu seinem neuen Titel gratulierte, geantwortet haben soll.

Ein jeder Meister steht auf den Schultern seiner Vorgänger: das ist aber nicht seine Meisterschaft, sondern seine Schülerschaft. Erst nach Überwindung der Technik kann aus dem Schüler ein Meister werden, und nur in diesem Sinne ist der bekannte Satz, daß man zum Künstler geboren, zum Maler aber erst erzogen werden müsse, zu verstehen. Der Maler muß sein Leben lang arbeiten, um der Technik Herr zu werden; aber nicht um ihrer selbst willen, sondern um mittels der Technik seiner Phantasie einen möglichst vollendeten Ausdruck geben zu können.

Der Vortrag des Meisters kann nachgeahmt werden – und die vielen falschen Rembrandts sind der beste Beweis dafür – aber nur der Rembrandt ist echt, in dem du seines Geistes Hauch verspürst. Und sollte ein mittelmäßiges Bild wirklich echt sein, von Rembrandts eigener Hand signiert und von sämtlichen Kunstpäpsten als authentisch attestiert, so würde das nur beweisen, daß der gute Rembrandt auch einmal geschlafen habe. Was kümmert uns die Echtheit eines Kunstwerkes! Was des Meisters würdig, ist echt.

Weil in den bildenden Künsten die Form Mittel und Zweck, also eines ist, ist es in ihnen natürlich schwerer zu entscheiden, als z. B. in der Poesie, wo das Handwerk aufhört und die Kunst anfängt; daher triumphiert oft genug über wahre Kunst Kunstfertigkeit, und ebenso oft wird der Stein, den die Bauleute verwarfen, zum Eckstein. Denn vollendete Technik, Eleganz des Vortrags, kurz, das Äußerliche des Bildes schmeicheln sich dem Auge leichter ein als das Werk des Genies, dessen rauhe Außenseite oft den goldenen Kern verbirgt. So wundert es mich keineswegs, daß man etwa die Porträts van der Helsts denen eines Rembrandt vorgezogen hat. Wenn Rembrandt heute lebte und ein Prinz sich bei ihm malen ließe, so wäre er wahrscheinlich mit seinem Konterfei ebenso wenig zufrieden wie der Prinz von Nassau, der sein Porträt für zu schwarz, für zu gepatzt und wohl auch für nicht vorteilhaft genug aufgefaßt ansah, und so den armen Rembrandt um seine vornehme Kundschaft brachte. Allerdings vom Handwerksstandpunkt aus ist der »Nachtwache« die »Schützenmahlzeit« des van der Helst vorzuziehen. Da ist alles tadellos. Und auch heute noch würden nicht nur Prinzen, wenn sie nicht fürchteten sich zu blamieren, einen van der Helst vorziehen.

Es kommt nicht allein darauf an, was einer ansieht, sondern auch darauf, wer was ansieht, und auch in der Kunst gilt das Sprichwort: niemand ist groß in den Augen seines Kammerdieners; womit ich nicht etwa auf die kleinen Schwächen großer Meister anspielen will. Wer das Kunstwerk mit den Augen des Kammerdieners betrachtet, wird es nie begreifen. »Nichts ist an sich schön; erst unsere Auffassung macht es dazu.« Wer Phidias mit den Augen des Professors Trendelenburg anschaut, sieht vielleicht in den Marmorgruppen der Siegesallee Werke des griechischen Bildhauers. Die Breite des malerischen Vortrags macht noch keinen Velasquez und das Helldunkel noch keinen Rembrandt: das ist gleichsam nur das irdische Teil an ihnen.

Das Unsterbliche an den Werken der Kunst ist ihr Geist, der Geist, welcher dem inneren Auge des Malers, bevor er den ersten Pinselstrich auf die Leinwand gesetzt hat, das Werk vollendet zeigt.

Und wie der Geist ist die Kunst unbegrenzt, soweit die Ausdrucksfähigkeit ihrer technischen Mittel reicht. Ihre Ausdrucksfähigkeit vergrößern, heißt das Bereich der Kunst erweitern, das Bereich der allein wahren Kunst, die von der Hand geboren, aber von der Phantasie gezeugt ist.

# EMPFINDUNG UND ERFINDUNG IN DER MALEREI

NEULICH meinte Wöfflin in einem kleinen Aufsatz über das Zeichnen, daß jeder, der einen Kopf gut zeichnen könnte, auch gut zu schreiben verstände. Ob das nicht zu viel behauptet ist, will ich als Maler nicht untersuchen, aber das glaube ich mit Recht behaupten zu dürfen, daß einer, der keinen Strich zeichnen kann, unfähig ist über Malerei zu schreiben. Was würden die Musiker sagen, wenn ein Maler, der nicht einmal die »Wacht am Rhein« oder »Heil dir im Siegerkranz« auf dem Klavier nachklimpern kann, sich herausnehmen würde über Musik zu ästhetisieren!

Das ästhetische Urteil über Malerei ist von Schriftstellern gemacht. Nie würde ein Maler, auch wenn er Lessings Geist hätte, das geistreiche und gerade deshalb so gefährliche Paradoxon vom Raffael ohne Hände erfunden haben. Oder gar aus dem Laokoon, der immer noch, und mit gutem Recht, die ästhetische Bibel der Gebildeten ist, das Diktum: »der Maler, der nach der Beschreibung eines Thomson eine schöne Landschaft darstellt, hat mehr getan, als der sie gerade von der Natur kopiert«. Der Schriftsteller versteht in der Gedankenmalerei die literarische Phantasie, und daher stellt er sie über die sinnliche Malerei, die er nicht versteht, und aus Unkenntnis ihrer Wesenheit nicht verstehen kann.

Malerei ist Nachahmung der Natur, der sie ihre Stoffe entlehnt, aber sie bleibt ohne die schöpferische Phantasie geistlose Kopie, und es ist daher ganz gleichgültig, ob der Maler einen Sonnenuntergang aus der Tiefe seines Gemüts oder nach einem Gedicht des Thomson oder nach der Natur malt. Mit andern Worten: nicht der Idealist steht – wie Lessing meint – höher als der Realist, sondern die Stärke der Phantasie macht den größeren Künstler.

Für den Maler liegt die Phantasie allein innerhalb der sinnlichen Anschauung der Natur: jedenfalls haben alle großen Maler von den Ägyptern, Griechen und Römern bis zu Rembrandt und Velasquez, Manet und Menzel sich innerhalb dieser Grenzen gehalten. Zwischen dem Kleckser, der einen Sonnenuntergang malt und einem Claude Lorrain oder Claude Monet ist nur ein Qualitätsunterschied. Die Größe des Talents eines Künstlers beruht auf der Größe seiner Naturanschauung und zwar auf der Größe der spezifisch malerischen Anschauung. Sonst hätte Goethe ein ebenso großer Maler wie Dichter sein müssen. Wie die zahllosen Blätter, die das Goethehaus aufbewahrt, beweisen, hat es ihm weder an Fleiß noch an handwerksmäßiger Geschicklichkeit gefehlt, und wenn er trotz heißem Bemühen zeitlebens in der bildenden Kunst ein mittelmäßiger Dilettant geblieben ist, so liegt der Grund einfach darin, daß seine Phantasie – als die eines geborenen Dichters – nur mit dem Worte zu gestalten imstande war.

Die Phantasie des Künstlers gestaltet nicht nur in dem Material, sondern für das Material seiner speziellen Kunst, sonst kommt gemalte Poesie oder poetische Malerei, d. h. Unsinn heraus. Daher ist auch nur aus dem Material heraus eine richtige Wertung der Kunst möglich: der Genuß an der Kunst steht jedem Empfänglichen offen, aber für die Kritik ist die Kenntnis des Materials und der Technik unerläßlich.

Einst fragte mich Virchow, während er mir zu seinem Porträt saß, ob ich nach einer vorgefaßten Meinung male, und auf meine Antwort, daß ich intuitiv die Farben nebeneinander setzte, entschuldigte sich der damals schon greise Gelehrte ob seiner Frage. Alles, fügte er hinzu, in der Kunst wie in der Wissenschaft, nämlich da, wo sie anfinge Wissenschaft zu werden, wo sie Neues entdeckte, sei Intuition. »Als ich meinen Satz Cellula e Cellula gefunden hatte, war es erst Späteren vorbehalten, ihn zu beweisen.« Letzten Endes ist die Kunst unergründlich und wird es immer bleiben. Auch ist es gut so, denn wenn wir ihr Geheimnis ergründeten, wäre es mit ihr vorbei. Den künstlerischen Zeugungsprozeß kann man ebensowenig ergründen wollen wie den physischen. Es wird ewig ein Rätsel bleiben, wie dem Künstler die Idee zu seinem Werke kommt, denn die Natur ist nur der äußere Anlaß für das Werk. Aber man kann die Gehirntätigkeit des Künstlers während seiner Arbeit beobachten, und den Weg, den seine Phantasie zurücklegt, von der Auffassung des Gegenstandes bis zu dessen Wiedergabe auf der Leinewand verfolgen. Der Künstler sieht die Gegenstände durch seine Phantasie. Er sieht, was er zu sehen sich einbildet, oder wie Goethe es ebenso treffend, wie schön ausdrückt: wer die Natur schildert, schildert nur sich, und die Feinheit und Stärke seines Gefühls.

Der alte Schwind antwortete auf die Frage, wie er seine Zeichnungen mache: »ich nehme einen Bleistift in die Hand, und da fällt mir halt was ein«. Unter dem Pinsel wird die Form geboren, und die Maler mit den großartigen Ideen sind immer schlechte Maler.

Die Erfindung des Malers beruht in der Ausführung und dieser Ausspruch, der eigens für den Impressionismus geprägt zu sein scheint, und der von dem englischen Maler Blake aus der ersten Hälfte des vorigen Jahrhunderts herrührt, ist nicht nur für Manets Spargelbund gültig, sondern ebenso für Michelangelos Erschaffung Adams in der Sixtina. In der Erfindung des Sujets kann die Erfindung Michelangelos nicht liegen, denn die steht in der Bibel: »und Gott der Herr machte den Menschen aus einem Erdenkloß und er blies ihm ein den lebendigen Odem in seine Nase. Und also ward der Mensch eine lebendige Seele«. Daß er uns die biblische Erzählung überzeugend ad oculus demonstriert, darin liegt Michelangelos Genie: wir glauben den Odem Gottes in Adam übergehen zu sehen.

Ein witziger Maler, den man vor seinem Bilde fragte, was er habe malen wollen, antwortete: »wenn ich es sagen könnte, hätte ich es nicht zu malen gebraucht«. *Er*findung ist *Em*pfindung: aus ihr ergibt sich Technik und Stil. Daher ist es Blödsinn – was man jeden Tag hören oder lesen muß – zu sagen: »das Bild des Professors X. ist ausgezeichnet gemalt, nur leider ohne Phantasie«. Dann ist es eben schlecht gemalt. Aber ebenso blödsinnig: »das Bild ist sehr phantasievoll, aber schlecht gemalt«. Dann ist es vielleicht von poetischer oder musikalischer, aber nicht von malerischer Phantasie. Ein Bild ist gut, d. h. malerisch erdacht, wenn es mit den malerischen Ausdrucksmitteln darzustellen ist, und das malerisch nicht gut erdachte Bild kann überhaupt nicht gut gemalt werden. Also sind technische Schwierigkeiten immer nur Fehler in der Konzeption. Die schönsten Stücke Malerei wie die »Bohèmienne« oder der »Papst Innocenz« sind die technisch einfachsten.

Wer technische Schwierigkeiten eines Werkes sieht, ist überhaupt kein Künstler. Der echte Künstler gleicht dem Reiter über den Bodensee: erst nach Vollendung des Werkes entdeckt er voller Grauen die Schwierigkeiten, die zu überwinden waren, und er würde sein Werk nicht unternommen haben, wenn er sie vorher erkannt hätte.

In der bildenden Kunst ist geistige Vollendung zugleich technische Vollendung, denn in ihr sind Inhalt und Form nicht nur eins, sondern identisch. Es ist daher ein müßiges Spiel mit Worten das Kunstwerk in zwei Bestandteile zerlegen zu wollen: in ihm ist die Phantasie materialisiert und umgekehrt die Technik vergeistigt worden.

Wenn Rembrandt sagt, daß das Werk vollendet sei, sobald der Künstler ausgedrückt hat, was er hat ausdrücken wollen, so heißt das nichts anderes, als daß die Arbeit des Künstlers reine Phantasietätigkeit ist. Gut malen heißt also mit Phantasie malen und die schönste, breiteste, flächigste Malerei bleibt äußerliche Virtuosität, wenn sie nicht der Ausdruck der künstlerischen Anschauung ist. Die Phantasie hört also nicht da auf, wo die Arbeit beginnt – wie noch ein Lessing annahm, – sondern sie muß dem Maler bis zum letzten Pinselstrich die Hand führen. Weshalb ist denn oft die flüchtigste Skizze vollendeter als das fertige Bild? Weil die in ein paar Stunden entstandene Skizze von der Phantasie erzeugt ist, während die wochen-, ja monatelange Arbeit am Bilde die Phantasie ertötet hat. Nicht etwa die Technik, sondern die Phantasie ist die Ursache, daß nur die al Primamalerei was taugt, denn die Phantasie ist ebensowenig eine Heringsware wie die Begeisterung: nur das unter dem frischen Eindruck der momentanen Phantasie flüssig ineinander gemalte Stück hat inneres Leben.

Daher gibt es keine Technik per se, sondern so viele Techniken als es Künstler gibt. Und ohne eigene Technik kann es keine eigene Kunst geben.

Franz Hals' Technik entspringt ebenso seiner Naturauffassung wie die des Velasquez der seinigen: Beide malten einfach, was sie sahen. Unbewußt kam in ihre Malweise ihre Persönlichkeit.

Man sehe sich die »Bohèmienne« oder den »Innocenz« auf die angewandten Mittel an: das Handwerksmäßige daran kann jeder Malklassenschüler. Auch weiß man, daß der Papst dem Velasquez zu dem Kopfe in Petersburg, der noch schöner sein soll als der in Rom, nur eine Stunde gesessen hat; und Franz Hals hat sicher nicht viel länger an der »Bohèmienne« gearbeitet. Gebt einem Stümper eine Stunde lang die Phantasie eines Franz Hals oder Velasquez, und aus seiner Stümperei wird ein Meisterwerk. Aber Hals und Velasquez hatten keine Kunsttheorien; sie malten, was sie selber sahen, und nicht, was andere vor ihnen gesehen hatten: sie waren naiv. Sie malten nur mit ihrem malerischen unbewußten Gefühl und nicht mit dem Verstande. Sie warteten nicht die Stimmung ab, sondern die Stimmung kam, wenn sie den Pinsel in die Hand nahmen.

Manet oder Leibl dachten malerisch. Sie suchten nicht das sogenannte Malerische in der Natur, sondern sie faßten die Natur malerisch auf: die Natur war für sie der Canevas für ihr Bild. Feuerbach, Marées oder Böcklin übersetzten ihre Stimmungen oder Gedanken in die Sprache der Malerei: zum Ausdruck ihrer Sentiments bedienten sie sich der Natur. Derselbe Gegensatz wie zwischen dem naiven und sentimentalen Dichter besteht auch in der Malerei: der naive Maler geht von der Erscheinung aus, der sentimentale vom Gedanken.

Aber gerade das Primäre ist das Entscheidende; wie der wahre Dichter nur vom Erlebnis ausgeht, so geht das wahre malerische Ingenium nur von der sinnlichen Erscheinung aus. Letzten Endes ist jeder Maler Porträtmaler, der Wirklichkeitsmaler Franz Hals oder Velasquez ebenso wie der Maler der »inneren Gesichte« Albrecht Dürer oder gar wie Rembrandt, unter dessen Pinsel die Bildnisse der Korporalschaft des Banning Cocq zur »Nachtwache«, dem phantasievollsten Bilde der Welt, wurden. Daß dieses Gruppenbildnis einer Schützengilde bis heutigen Tages die »Nachtwache« heißt, das beweist am schlagendsten, daß in der Malerei die Erfindung nur in der Ausführung beruht.

Kunst ist Kern und Schale in einem Male: die Phantasie muß nicht nur die Vorstellung von dem Bilde erzeugen, sondern zugleich die Ausdrucksmittel, durch die der Maler seine Vorstellung auf die Leinwand zu projizieren imstande ist.

Irgend ein Corneliusschüler erzählte, daß er München in aller Hergottsfrühe umkreiste, um sich in weihevolle Stimmung zu versetzen, bevor er an die Arbeit ging, und ins Atelier gekommen, »floß der Contour«. Aber Heinrich v. Kleist läßt in einer Betrachtung über Berliner

Kunstzustände im Jahr 1811 einen Vater seinem Sohne sagen: »du schreibst mir, daß du eine Madonna malst, und daß du jedesmal, bevor du zum Pinsel greifst, das Abendmahl nehmen möchtest. Laß dir von deinem alten Vater sagen, daß dies eine falsche Begeisterung ist, und daß es mit einer gemeinen, aber übrigens rechtschaffenen Lust an dem Spiele, deine Einbildungen auf die Leinewand zu bringen, völlig abgemacht ist.«

# PHANTASIE UND TECHNIK

»Ohne Hände gibt es keine Maler, und ohne brauchbare, keine gute.«

RUMOHR.

KAISER Wilhelm ließ als junger Prinz von irgendeinem Hofmaler sein Bildnis malen und als er es besah, fragte er den Professor: Habe ich denn so große Augen? und auf die Antwort des Malers, daß er die Augen von Königl. Hoheit so groß sähe, erwiderte der Prinz: Dann begreife ich nicht, daß Sie Maler geworden sind.

Die Phantasie ist immer Voraussetzung, und ebensowenig zu beweisen, wie daß $2 \times 2 = 4$ ist. Die ästhetische Betrachtung kann nur ergründen wollen, wie sich die Form für das Werk unter der Hand des Künstlers gestaltet, nicht aber den Prozeß, der in seinem Kopfe vorausgeht. Jeder Künstler, ob er Maler, Musiker oder Dichter ist, muß von der Anschauung ausgehen: Die Vision, die äußere wie die innere, ist das Primäre, und aus der Wiedergabe der Vision geht erst der Gedanke hervor. Der Schriftsteller aber will seinem Gedanken Ausdruck geben, der Gedanke ist also das Primäre und die Form das Sekundäre. Natürlich ist ein Bild, das der Maler aus der Natur konzipiert und nach der Natur malt, deshalb noch nicht gut, aber ein Bild, das aus der Idee entstanden, kann nicht gut sein.

Denn in aller Kunst muß sich aus der Form erst der Gedanke entwickeln. Die Form des Gedankens muß dem Dichter schon vorschweben, ehe der Gedanke selbst erscheint (Lichtenberg), um wie viel mehr in der bildenden Kunst und in der Musik, wo Form und Gedanke identisch sind.

Als der Jenenser Student Goethen fragte, wie er zu seinem Stile gelangt wäre, antwortete er: Ich habe die Dinge auf mich wirken lassen. Tizian oder Tintoretto, Rembrandt und F. Hals, Velasquez und Manet hätten dieselbe Antwort geben können auf die Frage, wie sie zu ihrer Malerei gelangt wären. Daß der Künstler in irgendeinem xbeliebigen Modell den Kaiser Augustus oder Napoleon sieht, ist das Werk seiner Phantasie und ebenso unerforschlich wie das psychische Moment im menschlichen Zeugungsprozeß; aber wie wir den physiologischen Prozeß zu ergründen versuchen dürfen, so können wir nachforschen, wie der Künstler seine Phantasie gleichsam materialisiert durch seine Technik und in ihr. Technik heißt hier natürlich nicht das Handwerksmäßige, das jeder Künstler selbstverständlich gelernt haben muß, sondern Technik bedeutet hier das Ausdrucksmittel der Phantasie. Die Technik projiziert die künstlerische Phantasie auf die Bildfläche und diese Projektion ist die Kunst.

Die Griechen hatten für Kunst und Handwerk nur das eine Wort ἡ τέχνη: Beide sind desselben Ursprungs. Wehe der Kunst, die ihres Ursprungs vergißt! Die von der Malerei verlangt, was nur Poesie oder Musik zu leisten vermögen. Wie der Dichter für das Wort, der Musiker für den Ton, so muß der Maler für sein Ausdrucksmittel erfinden. Man vergleiche eine Silberstiftzeichnung Rembrandts mit einer seiner in Sepia lavierten Zeichnungen: wie er jedem Material durch diese adäquate Behandlung gerade die höchste Wirkung entlockt. Der Meister verlangt nicht vom Stifte, was nur der Pinsel hergibt oder umgekehrt.

Aber wie sich aus dem Affen nie der Mensch entwickeln kann, obgleich beide derselben Abstammung sind, so kann nie aus dem vollendetsten Handwerker der Künstler werden ohne den göttlichen Funken der Phantasie. Das Genie ist notwendige Voraussetzung jedes Kunstwerkes; aber dieses kann sich nur auf handwerklicher Basis gestalten. Künstler und Handwerker prozedieren gleicherweise, einer wie der andere will nur sein Handwerk bestmöglich ausüben. Ist aber der Handwerker nebenbei noch ein Phidias oder ein Raffael, so wird aus seinem Handwerk – ihm natürlich unbewußt – das ideale Kunstwerk. Ideal in dem Sinne, daß sich der Künstler in seinem Werke vollendet. Ein objektives Ideal ist eine contradictio in adjecto: Wären Phidias oder Raffael das Ideal an sich, so könnten es Rembrandt und Velasquez nicht auch sein.

Jedes Kunstwerk ist ideal und real zugleich, insofern der Künstler vom sinnlichen Natureindruck ausgeht, also ist die Bezeichnung von idealistischer oder realistischer Kunst ein Pleonasmus: mit ihrer Qualität hat weder die eine noch die andere etwas zu tun. Sie können höchstens das Stoffliche bezeichnen, wie man etwa das bürgerliche Schauspiel vom historischen unterscheidet. Aber auch der rückständigste Professor wird nicht »Maria Stuart« oder die »Jungfrau von Orleans«, weil sie historische Dramen sind, dem bloß bürgerlichen Schauspiel »Kabale und Liebe« vorziehen wollen.

Mein verstorbener Freund Jettel pflegte jedem, der ihn besuchte – und welcher deutsche Maler, der im letzten Viertel des verflossenen Jahrhunderts nach Paris kam, hat ihn nicht besucht! – die Geschichte von dem Wiener Akademiedirektor zu erzählen, wie der Meisterschüler den Karton zu seinem ersten Bilde »Luther schlägt die Thesen an die Schloßkirche zu Wittenberg« zeichnet. Nach monatelangem Korrigieren und Ändern ist endlich der Karton fertig, und die Komposition wird auf die Leinwand gepaust: Luther schwingt den Hammer, während die Menge ihm begeistert zujauchzt. Als der Direktor zur Korrektur kommt, lobt er die Komposition, aber er meint, daß es der Erhabenheit des weltgeschichtlichen Moments nicht angemessen sei, daß Luther eigenhändig den Hammer schwinge. Das müsse einer seiner Jünger tun. Dem braven Schüler leuchtet es ein, und die Komposition wird demgemäß verändert: Während Luther die Menge haranguiert, schwingt der Nächststehende den Hammer; als der Meister wieder kommt, billigt er die Änderung, aber er meint, daß nicht der Luther Nächststehende, sondern dessen Nachbar die Thesen anschlagen müsse, um nicht die Aufmerksamkeit des Beschauers von der Gestalt Luthers, der doch die Hauptperson im Bilde sei, abzulenken. So gehts durch ein viertel oder ein halbes Jahr weiter, bei jedem Besuche im Atelier des Schülers meint der Direktor, daß der Nächste den Hammer schwingen müsse, bis alle der Reihe nach den Hammer geschwungen haben und der Direktor zu dem Schlusse kommt, daß in der furchtbaren Erregung des weltgeschichtlichen Moments Luther den Hammer selbst in die Hand nehmen und die Thesen eigenhändig anschlagen würde.

Alles in der Kunst ist Qualität, und die Qualität des Kunstwerkes hängt von dem Quantum von Phantasie, die es erzeugte, ab, denn nur die von der Phantasie erzeugte Form ist lebendig. Aber die Phantasie erfindet nicht die Form – denn die ist von Anbeginn der Kunst vorhanden, wie in der Poesie das Wort und in der Musik der Ton, sondern den Ausdruck für die Form, das heißt die Technik. Nicht die Form ist das Originelle, sondern die künstlerische Originalität beruht darin, wie die Phantasie zur Form geworden ist. Jeder Künstler, auch der größte, übernimmt die traditionellen Formen seiner Zeit und seiner Umgebung. Die frühen Raffaels oder Rembrandts gleichen den Bildern ihrer Meister (so sehr, daß man sie für die ihrer Meister angesprochen hat). Sie suchen nicht etwa neue Ausdrucksformen, das heißt eine neue Technik, sondern ihre neue Technik ergibt sich aus ihrer künstlerischen Individualität. Hieraus ergibt sich der neue Stil eines jeden Meisters.

In der Musik heißt Virtuose, wer die fremde Komposition vorzutragen imstande ist. Mit demselben Rechte könnte man die Maler, die keine originelle Ausdrucksweise besitzen, Virtuosen nennen, nur kann man leider nicht so leicht wie in der Musik den Komponisten vom Virtuosen in der bildenden Kunst trennen, wo die Erfindung die Ausführung ist. Die Fagerolles, die nur reproduzierende Künstler sind, gelten oft sogar mehr als die Claude, die sie kopieren.

Aber Meister ist nur, der seine eigenen Gedanken in eigener Sprache auszudrücken imstande ist. Daher haben die geborenen großen Maler, je älter sie wurden, desto schöner gemalt. Nicht etwa, daß ihre Hand mit den Jahren geschickter wurde, im Gegenteil: sie werfen die Geschicklichkeit des Handgelenks, die den Jüngling freut und über die mangelnde Originalität hinwegtäuscht, mit Verachtung von sich und zwar so, daß noch ein Karl Justi in seinem Pamphlet gegen die Moderne die Alterswerke eines Rembrandt oder F. Hals senil nennen konnte. Der Meister ist der Überwinder der Technik. Man vergleiche auf Rembrandts Anatomie im Haag den Leichnam mit dem Stück auf der leider angebrannten Anatomie des Dr. Deisman in Amsterdam, wie die Technik sich vereinfacht hat, wie jedes Detail unterdrückt wird. Wir sehen nur noch das Wesentliche, den Typus des

Kadavers und – schaudern, wie wenn wir plötzlich vor einer Leiche stehen. Wohl sehen wir im Haag einen der schönsten Rembrandts, aber der 26jährige macht noch Malerei, die freilich wunderbar herrlich ist. Aber 25 Jahre später malt Rembrandt nicht mehr ein Bild, sondern seine Seele auf die Leinwand. Genau dasselbe bei F. Hals: in Haarlem kann man vor den Doelenstücken seine Entwicklung während eines halben Jahrhunderts von Stufe zu Stufe verfolgen, vom Rubensschüler, der die Technik seines Meisters sklavisch kopiert, bis zum 80jährigen Meister, der in den zwei Bildern der Vorsteher und der Vorsteherinnen eines Waisenhauses das höchste und schönste leistet, was die Malerei hervorgebracht hat. In diesen »senilen« Werken ist allerdings nichts mehr von Technik zu merken, denn jeder Pinselstrich und jeder Farbfleck ist Leben geworden. Wie der Kopf des greisen Mommsen ganz durchgeistigt schien, nur noch Seele, so ist in den beiden Altersschöpfungen von Hals nichts Materielles mehr: der Geist hat die Technik vernichtet.

Dasselbe Phänomen bei Tizian. Zwischen der Dornenkrönung in Paris und der in München liegen rund 30 Jahre: die Komposition ist absolut dieselbe geblieben, aber aus der Malerei ist Leben geworden. Nur die Phantasie kann dieses Wunder bewirkt haben: sie hat die Technik vergeistigt. Oder mit anderen Worten: aus dem Maler, der die Natur nachahmt, wird der Künstler, der ein Neues schafft, das heißt: der Künstler, der eine neue Technik schafft.

Jede neue Kunst ist also letzten Endes neue Technik. Man vergleiche das Hohe Lied mit einem lyrischen Gedicht Goethes oder den ägyptischen Dorfschulzen im Museum in Kairo mit einer Bronze Rodins: obgleich 5000 Jahre dazwischen liegen, das Ringen des menschlichen Geistes nach demselben Ausdruck. Nur mit verschiedenen Mitteln, d. h. mit veränderter Technik.

Sein Talent hat der Künstler vom lieben Gott: Was er aber daraus macht mittelst seiner Technik, das ist *seine* Kunst. Daher ist es nicht etwa öde Fachsimpelei à la Tessman, sondern der gesundeste Instinkt, wenn der Künstler sich Zeit seines Lebens nur mit der Technik beschäftigt. Für ihn ist die Technik die Kunst. »Lieber Junge, die überraschenden Wirkungen, welche viele nur dem Naturgenie zuschreiben, erzielt man oft ganz leicht durch richtige Anwendung und Auflösung der Septimenakkorde.« Was für Beethoven Technik ist, erscheint uns als Ausfluss seines Genies und zwar ganz folgerichtig, denn die Technik ist ja Ausfluss des Genies oder sollte es wenigstens sein. Bei Rodin spiegelt sich die ganze Welt in der Oberfläche des Kunstwerkes.

Die Technik fängt erst an, künstlerisch zu werden, wo sie persönlich wird, daher kann man nur das Handwerksmäßige, das Kunstgewerbliche an ihr lehren und lernen. Daher gibt es keine Technik κατ' ἐξοχήν. Raffael malt wie Perugino, F. Hals wie Rubens und Rembrandt wie sein Lehrer Lastmann, solange sie Schüler waren. Als aber Raffael er geworden, malt er raffaelisch wie Hals halsisch und wie Rembrandt rembrandtisch malten, sobald sie Hals und Rembrandt geworden. Es ist durchaus zu verstehn, daß die jungen Leute heutzutage Cézanne oder van Gogh nachahmen: ihr Fehler beruht nur darin, daß sie die Hieroglyphe ihres Vorbildes kopieren, ohne zu wissen, was sie bedeutet, wie die Mönche im Mittelalter die griechischen und lateinischen Texte abschrieben, ohne sie zu verstehen. –

Der bekannte Gehirnanatom Edinger berichtet den merkwürdigen Fall, daß ein Schreiner nach einer Verletzung der Gehirnrinde wieder völlig genesen war, nur die Funktion des Hobelns war ihm durch seine Erkrankung abhanden gekommen: Hand und Herz gehören nun mal in der Malerei zusammen und die Vorstellung vom Raffael ohne Hände ist nicht nur wider die Natur, sondern wider die Kunst. Denn im Künstler löst erst die Form die Idee aus.

9 789356 709478

Printed at Repro India Ltd.